CIRCE,
TRAGEDIE.

ORNÉE DE MACHINES,
de Changemens de Théatre,
& de Musique.

Par T. CORNEILLE.

Representée par la Troupe du Roy,
établie au Fauxbourg S. Germain.

Et se vend
A PARIS,

Au Palais, dans la Salle Royale, à l'Image S. Loüis.
Et à la Porte de la Comedie où l'on prend
les Billets.

M. DC. LXXV.
AVEC PRIVILEGE DV ROY.

LES grandes Conqueſtes du Roy, & les continuelles Victoires qu'il a remportées ſur ſes Ennemis, ayant mis la gloire de la France au plus haut point où elle ait jamais eſté, tout le Monde a tâché à l'envy d'en témoigner ſa joye en diférentes occaſions, ou par des Réjoüiſſances particulieres, ou par des Divertiſſemens publics. C'eſt ce qui a donné lieu à ces admirables Feux d'Artifice qui ont attiré tout Paris les années dernieres; & c'eſt ce qui le donne encor aujourd'huy aux Comédiens de la Troupe du Roy, de tâcher à ſignaler leur zele par tout ce que la Scene eſt capable de produire de merveilleux. L'honneur qu'il a plû à S. M. de leur faire, en donnant ſes ordres pour leur rétabliſſement, les mettoit dans une continuelle impatience de faire voir qu'ils conſervent toûjours la meſme ardeur de pouvoir eſtre jugez dignes de contribuer à ſes plaiſirs; & c'eſt dans cette veuë qu'ils ont mis tous leurs ſoins à rendre Circé le Spéctacle le plus pompeux qui ait paru juſqu'icy ſur nos Théatres. Tout y eſt grand, tout y eſt extraordinaire; & ſi j'avois pû répondre par la force des Penſées & par la majeſté des Vers, aux ſuperbes ornemens qu'on m'a preſtez, je pourrois dire ſans trop de préſomption, qu'on n'auroit point encor veu d'Ouvrage plus achevé. La diverſité des Machines, & l'inconcevable mouvement des Vols qui ſe font dans tous les Actes, ont quelque choſe de ſi ſurprenant, qu'on ſera aiſément convaincu que l'exécution n'en peut partir que du plus ſublime Génie qui ſe ſoit jamais appliqué à ces ſortes de connoiſſances. Tout ce que j'en pourrois dire ſeroit tellement au deſſous de ce qu'on verra, que je ne diminuëray point le plaiſir de la ſurpriſe par l'inutile deſcription des Merveilles qui paroîtront dans ce magnifique Spéctacle. On n'a rien épargné pour le rendre tout-à-fait ſomptueux; & les riches Décorations qui l'accompagnent, feront voir par dix Changemens de Théatre, la gloire que méritent Meſſieurs de la Hire, de Leſſos, & de

S. Martin, pour les embelliſſemens que leur Pinceau nous a fournis. Joignez à tant de beautez la délicateſſe de la Muſique, où Monſieur Charpentier, qui s'eſt déja fait admirer dans les Airs du *Malade Imaginaire*, s'eſt en quelque façon ſurpaſſé ſoy-meſme tant par l'agrément de la Symphonie, que par la noble maniere dont il a relevé toutes les Paroles qui ſe chantent. Avec de ſi grands avantages, il eſt difficile que Circé n'en ait beaucoup à venir faire en France un nouvel eſſay de ſa Magie. J'ay choiſy pour le Sujet de la Piece, ſes Amours avec Glaucus, telles que nous les dépeint Ovide dans le quatorziéme Livre de ſes Métamorphoſes.

Glaucus, de ſimple Peſcheur qu'il eſtoit, ayant eſté changé en Dieu Marin, devint éperduëment amoureux de Sylla Fille de Phorcus, & ne pouvant toucher ſon cœur, il alla implorer le ſecours de Circé, qui prit le party pour elle, & employa tout le pouvoir de ſes Charmes pour s'en faire aimer. Le dépit de n'avoir pû en venir à bout, porta ſi loin ſon reſſentiment, que pour ſe vanger elle empoiſonna une Fontaine où Sylla avoit accoûtumé de s'aller baigner. Cette malheureuſe Nymphe ne s'y fut pas ſi-toſt plongée, qu'elle vit naiſtre des Chiens, qui s'attachant à ſon corps, l'effrayerent par leurs aboyemens, & l'horreur qu'elle eût d'elle-meſme dans ce déplorable état, fut ſi forte, qu'elle s'alla précipiter dans la Mer, où elle fut changée en un Rocher, qui a conſervé ſon nom, & contre qui les flots ſe briſans, imitent par le bruit qu'ils font, les aboyemens des Chiens qui avoient fait ſon ſuplice. Je n'ay rien adjoûté à cette Fable, que Mélicerte aimé de Sylla, & cette meſme Sylla changée en Néreïde apres tous ſes malheurs, pour avoir lieu de finir la Piece par un Spectacle de réjoüiſſance.

PROLOGVE

L A Décoration du Prologue represente un Temple de riche Architecture, que la Gloire a fait élever pour
le Roy. L'Ordre en est Composite,
avec plusieurs Arcades & Colomnes
de Iaspe d'Orient, dont les Bases & Chapiteaux sont
d'or, aussi bien que les Modillons & les Fleurs de
Lys qui font les ornemens des Corniches & des
Frises. Le haut du Temple est finy par un Atique,
où se voit un Buste de Héros directement au dessus
de chaque milieu des Chapiteaux. Les Suposts des
Colomnes sont des Pieds d'estaux qui representent
une partie des Conquestes du Roy, & les superbes
Bastimens qui se font faits ou embellis sous son
Regne. Au dessus de chaque Pied-d'estal, il y a
differentes Figures peintes en saillie & isolées, qui
toutes, ainsi que les Bustes, representent par leurs

B

attributs, ou les Vertus particulieres que poſſede
cet Auguſte Monarque, ou les Arts qu'il prend ſoin
de faire fleurir. L'effet que font ces Figures eſt
d'autant plus beau, que ſe trouvant chacune entre
deux Colomnes, elles forment une juſte ſimetrie
qui ne ſçauroit eſtre que tres-agreable à la veuë.
Vers le milieu du Temple s'éleve une maniere
d'Arc Triomphal, ſoûtenu par huit Colomnes
d'Ordre Ionique, avec une eſpece d'Atique au
deſſus de la Corniche, où le Roy eſt repreſenté. La
Victoire & la Gloire ſont à ſes coſtez, dont l'une
luy preſente une Couronne, & l'autre une branche
de Laurier, le tout de marbre blanc. On voit dans
le fonds du Temple un Autel de marbre ſerpentin:
Il eſt orné de Colomnes, Figures, Feſtons de fleurs
& Trophées d'Armes.

Les yeux ſe ſont à peine arreſtez ſur toutes ces
Magnificences, qu'on découvre Mars dans un Char
orné de tout ce qui le peut faire connoiſtre pour le
Dieu qui préſide aux Combats. Il paroiſt au plus
haut des nuës, & s'abaiſſant vers le Temple, il y
voit arriver la Fortune portée ſur un nuage qu'elle
quitte au meſme temps que Mars deſcend de ſon
Char. Apres avoir regardé ce Temple avec des
marques d'indignation & de ſurpriſe, ils commen-
cent le Prologue enſemble.

SCENE PREMIERE.

MARS, LA FORTUNE.

MARS.

QVoy? la Fortune sans bandeau?

LA FORTUNE.

Ie viens de l'arracher moy-mesme,
Pour voir l'éclat pompeux de ce Temple nouveau.
Mais d'où vient qu'à l'aspect d'un Ouvrage si beau,
Le Dieu Mars fait paroistre une douleur extréme?

MARS.

Puis-je voir sans chagrin, qu'un Mortel à mes yeux,
Des honneurs qu'on me doit, emporte l'avantage?
Ie sçay bien que LOUIS est un Roy glorieux,
En qui mille Vertus, par un noble assemblage,
Ofrent à revérer le plus parfait Ouvrage
Qui jamais ait marqué la puissance des Dieux;
Mais parce qu'il se fait admirer en tous lieux,
    Ay-je merité qu'on m'outrage?
Voyez ce que ce Temple adjoûte à son renom;

B ij

Voyez sur cent Tableaux avec quel soin la Gloire
    A tracé la brillante histoire
Des merveilleux Exploits qui consacrent son Nom.
    C'est là que les plus grands Courages,
D'un zele tout soûmis écoutant la chaleur,
    Viennent par d'assidus hommages
Honorer la Prudence unie à la Valeur.
Cependant mes Autels, où par toute la Terre
L'Encens se prodiguoit pour les moindres hazards,
    Sont negligez de toutes parts,
On regarde LOUIS comme Dieu de la Guerre,
    Et l'on ne songe plus à Mars.
D'un si honteux mépris c'est trop soufrir l'audace,
J'en puniray l'injure, & ce Temple détruit
Va dans le Monde entier étaler à grand bruit
    Ce que peut un Dieu qui menace.

LA FORTUNE.

Si LOUIS des Mortels vous dérobe les vœux,
    N'ay-je pas mesme plainte à faire?
Tout le monde à l'envy, pour devenir heureux,
    N'aspiroit toûjours qu'à me plaire :
Mais depuis que la Gloire a par tout l'Univers
De cet Auguste Roy fait briller le mérite,
    Pour le suivre chacun me quite,
    Et je voy mes Temples deserts.

Cette foule qui plaiſt, quand meſme elle importune,
Dédaignant mes faveurs, brigue ſon ſeul appuy,
Il me ravit mes droits, & ce n'eſt plus qu'en luy
    Qu'on ſonge à chercher la Fortune.
    Iugez, à me voir ſans honneurs,
    Iuſqu'où va l'ennuy qui me preſſe;
   Car c'eſt en vain que le nom de Déeſſe
Me fait attendre encor quelques Adorateurs.
De quelque rãg qu'on ſoit, les biẽs ſeuls qu'on diſpenſe
    Nous attirent ces vœux preſſans
    Dont nous aimons la déférence ;
    Et les Dieux qui ſont ſans puiſſance,
    Ne reçoivent guere d'encens.

MARS.

Ie voy venir l'Amour, qu'aura-t-il à nous dire?

LA FORTUNE,

    La Renommée arrive auſſy;
Mais lors que ſon employ de tous coſtez l'attire,
    D'où vient qu'elle s'arreſte icy?

L'Amour & la Renommée paroiſſent portez
chacun ſur un Nüage.

SCENE II.

MARS, LA FORTUNE, LA RENOMMEE, L'AMOUR.

LA RENOMMEE.

N'En soyez point surpris, le pénible voyage
    Où jusqu'au bout de l'Vnivers,
Pour vanter ses Vertus chez cent Peuples divers,
Le Monarque des Lys de jour en jour m'engage,
M'a déja tant de fois fait trauerser les airs,
    Qu'il faut qu'en m'arrestant enfin je me soulage.
Dans les Siecles passez j'ay bien veu des Héros,
Aléxandre & Céfar m'ont donné de la peine,
Mais au moins dãs leur course ils reprenoient haleine,
    Et me laissoient quelque repos.
LOVIS n'en connoist point ; son ame toûjours preste
A remplir de l'honneur l'auide passion,
A peine a médité la plus haute Conqueste,
    Qu'on en voit l'exécution.
Chaque instant de sa vie est un nouveau miracle.
    Vingt Princes dont il fut l'appuy,
    Arment vainement contre luy;

A ce qu'il entreprend rien ne peut mettre obstacle;
Et ces jaloux de sa grandeur,
Forcez par tout à ceder la victoire,
Ne combatent jamais que pour luy faire honneur,
Et donner du lustre à sa gloire.
Ainsy pour m'acquiter de ce que je luy dois,
J'ay beau presser mon vol, & me haster de dire
Ce qu'avec moy tout l'Vnivers admire,
Mes cent bouches pour luy s'ouvrent tout à la fois,
Et je n'y puis encor suffire.

MARS.

S'il faut ne rien dissimuler,
La plainte me paroist nouvelle.
Quoy, vous, qui si souvent sur des contes en l'air
Redites mille fois la mesme bagatelle,
Vous vous fâchez d'avoir trop à parler?

LA RENOMMEE.

Je prens sans murmurer tout l'employ qu'on me donne,
Mais enfin j'ay peine à souffrir
D'estre forcée à discourir
Toûjours de la mesme Personne.
Sur chaque nouveauté, comme en tout elle plaist,
J'aime à dire ce que je pense;
Et si je ne prens intérest

Qu'à celebrer le Nom du Grand Roy de la France,
Tous les Exploits que les autres feront,
A ce compte demeureront
Enſevelis dans le ſilence.
Ie veux bien toutefois ne parler que de luy;
Mais ce qui cauſe mon ennuy,
C'eſt de voir que quand je publie
Toutes ſes grandes Actions,
On les prend pour des fixions,
Et l'on m'accuſe de folie.
Qui pourroit croire auſſy ce qu'on a veu deux fois,
Que preſque en moins de rien une Province entiere
A ſon triomphe ait ſervy de matiere,
Et ſe ſoit ſoûmiſe à ſes Loix?
Ie croy le voir encor, toûjours infatigable,
Courant, volant par tout, ſans jamais s'arreſter,
Eſtre Chef & Soldat, réſoudre, exécuter,
Et ſeul à ſoy-meſme ſemblable,
Chercher dans le péril tout ce qui peut flater
L'ardeur de gloire inſatiable
Qui porte les Héros à s'y précipiter.
Apres avoir forcé de ſuperpes Murailles,
Voyez-le dans le meſme temps,
Par l'effroy de ſon Nom, gagner plus de Batailles
Qu'on n'en donnoit autrefois en vingt ans.
Apres cela que puis-je faire?

Toutes

Toutes ces grandes véritez,
Ne semblent-elles pas des contes inventez,
Et lors que je les dis, m'estime-t-on sincere?

L'AMOUR.

Vous en donnez si souvent à garder,
Qu'il est bon qu'une fois vous en soyez punie;
Mais par LOUIS quand ma gloire est ternie,
Moy, l'Amour, n'ay-je pas tout sujet de gronder?
Depuis le pouvoir qu'il me vole,
Dont il use comme du sien,
Je suis une vraye Idole
Qui ne semble bon à rien.

LA FORTUNE.

D'où ce chagrin vous peut-il naistre,
Quand nous voyons que ce Grand Roy,
En gagnât tous les cœurs, chaque jour fait connoistre...

L'AMOUR.

Mais c'est par luy qu'il s'en rend maistre,
Et ce n'est pas mon compte à moy,
Car enfin je voudrois qu'il me dust quelque chose;
Mais j'ay beau parmy tous mes traits,
Pour faire que des cœurs par mon ordre il dispose,
En aller choisir tout exprés.

D'eux-mefmes à l'envy, fans qu'on les follicite,
   Ces cœurs tout à coup enflamez,
   Se rendent tous à fon mérite,
Et fans que je m'en mefle, ils s'en trouvent charmez.

MARS.

   Et c'eft à quoy l'Amour prend garde?
   Pourveu que tout vous foit foûmis,
   Que vos traits foient bien affermis,
Qu'importe...

L'AMOUR.

    Paffe encor pour ce qui le regarde;
Mais ce qui fait tout mon reffentiment,
   Et m'eft une peine cruelle,
   C'eft que lors qu'avec une Belle
   I'ay fait l'union d'un Amant,
Et qu'elle en croit les nœuds ferrez fi fortement,
Que rien ne fçauroit plus l'arracher d'aupres d'elle,
   Si LOUIS dans fa noble ardeur
   Court où l'appelle fon grand cœur,
   L'Amant, quoy que plein de tendreffe,
   Se reproche un honteux repos,
   Et quitte auffi-toft la Maiftreffe,
   Pour fuivre les pas du Héros.
   Elle s'en plaint, elle en foûpire,

Et par sa disgrace fait voir
La foiblesse de mon empire.

LA RENOMMEE.

Que n'usez vous alors de tout vostre pouvoir,
Pour rappeller ceux que la Guerre attire?

L'AMOUR.

Il ne tient pas à le vouloir;
Mais j'ay beau faire, j'ay beau dire,
Charmez de voir LOUIS, de marcher sur ses pas,
Quelque flateur que pour eux je puisse estre,
C'est un Enfant qui parle, ils ne m'écoutent pas,
Et les Combats
Aupres de leur Auguste Maistre,
Ont pour eux plus d'appas
Que les plus tendres feux qu'en leurs cœurs j'ay fait
Ainsy la Guerre est un malheur   (naistre.
Qui me rend inutile, & c'est dequoy j'enrage;
Ie m'en trouve accablé de honte & de douleur,
Et tandis que LOUIS fait briller sa valeur,
Ie joüe un méchant personnage.
Mais que vois-je?

SCENE III.

LA GLOIRE, MARS, LA RENOMMEE,
LA FORTUNE, L'AMOUR.

LA GLOIRE.

LA Gloire à qui le Ciel toûjours
  Donna les Héros à défendre,
De ce Temple où j'ay soin chaque jour de me rendre,
  Ie viens d'entendre vos discours.
En vain, Dieu des Guerriers, dont la fiere puissance
  Vous fait redouter des Mortels,
  Vous prétendez détruire les Autels
Que j'ay fait élever au Héros de la France;
Il mérite encor plus, & n'est point comme vous
Incessamment remply d'un aveugle couroux.
  Lors qu'il entreprend quelque Guerre,
C'est pour mieux maintenir de légitimes Droits,
Ou pour confondre ceux, qui méprisant les Rois,
Se veulent ériger en Tyrans de la Terre.
Rendez-luy donc justice, & dans tous ses Combats
  Vous-mesme accompagnez ses pas;
Ainsy de vos fureurs on ne pourra se plaindre,

Et secondant LOUIS, qui par tout sçait charmer,
En mesme temps que vous vous ferez craindre,
En mesme temps vous vous ferez aimer.

A LA FORTUNE.

La Fortune, je le confesse,
A sujet de se chagriner.
Elle est d'un Sexe à voir avec quelque tristesse,
Que ses Adorateurs l'osent abandonner;
Mais qu'elle se fasse justice,
Ses bienfaits sont souvent suivis de trahison,
Elle ne fait jamais de bien que par caprice,
Et le Dieu des François n'en fait que par raison.
Il récompense le mérite,
Sans mesme qu'on l'en sollicite,
Et pour se rétablir, la Fortune aujourd'huy
Doit se ranger auprès de luy,
On oublîra son inconstance,
Et par un surprenant effet
On luy croira de la prudence,
Et c'est ce qu'on n'a jamais fait.

A LA RENOMMEE.

Pour vous répondre aussy, Déesse,
Le travail est pénible à remplir vostre employ;
Mais le charme qu'on trouve à parler d'un Grand Roy,

Ne demande-t-il pas qu'on en parle sans cesse?
  Depuis que par l'ordre des Cieux
  Vous publiez les merveilles
  Et des Hommes & des Dieux,
En avez-vous jamais raconté de pareilles,
Ny de qui le recit vous fût si glorieux?
Quant aux Demy-Héros qui prennent pour ofence,
Que de leurs noms obscurs vous fassiez peu d'état,
A quoy bon vous charger d'actions sans éclat,
Dont jamais l'Avenir ne prendra connoissance?
Malgré le vain orgueil dont ils sont éblouïs,
  Laissez-les dans la poussiere,
  Et donnez-vous toute entiere
  A publier des Exploits inoüis;
Dites plus que jamais cent Héros n'ont pû faire,
  Vous n'aurez qu'à nommer LOUIS,
Et dans tout l'Vnivers on vous croira sincére.

A L'AMOUR.

  Vous soufrez, je le connois bien,
  I'entre dans vostre inquiétude;
Demeurer sans pouvoir, est un destin bien rude,
Et l'Amour est à plaindre alors qu'il ne fait rien;
Mais venez voir LOUIS, & tâchez de luy plaire.
  Attachez-vous à le considérer,
  A voir sa gloire, à l'admirer,
  Et vous aurez assez à faire.

L'AMOUR.

Ie veux suivre voste conseil.

LA FORTUNE.

Chacun doit déférer aux avis de la Gloire.

LA RENOMMEE.

Ainsy que vous je la veux croire.

MARS.

Voyons auparavant ce Temple sans pareil.

LA GLOIRE.

Vous pouvez l'admirer ensemble,
Il mérite bien vos regards;
Mais il faut qu'en ce lieu j'assemble
Les Plaisirs & les plus beaux Arts,
Par mon ordre ils s'en vont paroistre,
Et par leurs Chansons & leurs Jeux
Marquer au plus Grãd Roy que le Ciel ait fait naistre,
Ce qu'ils doivent au soin qu'il daigne prendre d'eux.

Dans le temps que Mars & les autres Divinitez
qui ont paru dans le Prologue, s'auancent dans le
Temple pour en mieux examiner les beautez, la

Muſique ſort d'un des coſtez du Theatre, avec un
Livre de Tablature à la main ; Elle eſt ſuivie des
Arts, tant Liberaux que Mécaniques, qui ſont l'A-
griculture, avec un Habit couvert d'Epys d'or, &
tenant une Beſché ; la Navigation, veſtuë d'un Ta-
fetas de la Chine, à la maniere des Matelots ; l'Or-
févrie, chargée de Chaînes d'or & de Pierreries ; la
Peinture, tenant une Palete & un Pinceau ; la
Guerre, une Epéé ; la Géometrie, un Compas;
l'Aſtrologie, un Globe ; & la Sculpture, un Ciſeau.
La Comédie paroiſt de l'autre coſté, tenant un
Maſque, & accompagnée des Plaiſirs. La Chaſſe,
qu'on met enſemble au nombre des Plaiſirs & des
Arts, ſe fait voir la premiere veſtuë de verd & tenant un dard. La Maſcarade la ſuit bizarement
habillée, avec un Cornet à la main. On voit en
ſuite la Peſche qui tient une Ligne ; la Paume, une
Raquette ; le Ieu, des Cartes ; la Bonne-chere, un
Flacon d'or ; & la Danſe, une Poche. Apres avoir
par quelques figures, & par leurs diférentes actions,
donné des marques de ce qu'ils repreſentent, la
Comédie & la Muſique chantent enſemble le
Dialogue ſuivant.

DIALOGUE.

DIALOGVE DE LA MVSIQVE ET DE LA COMEDIE.

LA COMEDIE.

POur divertir LOUIS, uniſſons-nous enſemble,
Il eſt le plus grand des Mortels;
Et quand pour luy la Gloire éleve des Autels,
Il faut que la Muſique aſſemble
Ce que ſes tons les plus charmans
Peuvent à mon Theatre adjoûter d'ornemens.

LA MUSIQUE.

Pour ce Grand Roy qui ſur la Scene
Voit ſi ſouvent tes charmes éclater,
I'aimerois aſſez, à chanter;
Mais j'ay ſi peu de voix, qu'on ne m'entend qu'à peine.

CEUX DES COMEDIENS qui repreſentent une partie des ARTS & des PLAISIRS.

Si tu nous veux ſoufrir, nous pourons t'en preſter.

LA COMEDIE & LA MUSIQUE enſemble.

Vniſſons-nous pour celebrer la gloire
Dont brille l'Auguſte LOUIS.

D

LA MUSIQUE feule.

De fon éclat par tout les Peuples ébloüis
Confacrent fon grand Nom au Temple de Mémoire.

LA COMEDIE & LA MUSIQUE enfemble.

Vniffons-nous pour celébrer fa gloire.

Tous enfemble.

Vantons ce grand Nom comme eux,
Jamais Exploits fi fameux
Ne firent parler l'Hiftoire.

LA COMEDIE & LA MUSIQUE,
avec UN DES ARTS.

Ils font tels, que nos Neveux
Refuferont de les croire.

Tous enfemble.

Chantons, uniffons-nous pour celébrer fa gloire.

LA MUSIQUE feule.

Sur des Exploits moins glorieux
On a placé parmy les Dieux
Les Héros dont le Nom fut grand & redoutable.
LOUIS a droit plus qu'eux à l'Immortalité;

LOUIS qui tous les jours fait une Verité
Des vains prodiges de la Fable.

UN DES ARTS.

Ses Ennemis, de ses Armes frapez,
Sont à vanter son Nom eux-mesmes occupez,
Luy voyant entasser Victoire sur Victoire.

Tous ensemble.

Vantons ce grand Nom comme eux,
Iamais Exploits si fameux
Ne firent parler l'Histoire.

LA COMEDIE & LA MUSIQUE,
avec UN DES ARTS.

Ils sont tels, que nos Neveux
Refuseront de les croire.

Tous ensemble.

Chantons, unissons-nous pour celébrer sa gloire.

ACTE I.

L E Theatre du Prologue fait place à une Décoration moins réguliere, mais qui dans son irrégularité ne laisse pas d'avoir des beautez qui plaisent également a la veuë. Elle represente une Plaine, où diverses Ruines marquent les restes de quelques Palais démolis, & le tout dans une si agreable varieté, qu'il n'y a aucun Chassis qui ne fasse paroistre quelque chose de diférent. Au bout de cette Plaine on découvre une Montagne d'une grandeur prodigieuse. Elle est fertile dans le bas en Plantes & Fleurs bâtardes; & à mesure qu'elle s'éleve, elle devient aride, formant des Rochers peu remplis de verdure, & entrecoupez de chemins. Le sommet laisse voir un Palais ruiné & desert, avec un grand Horison tout autour, en sorte que la Montagne est isolée, & paroist naturelle aux yeux.

C'est dans cette Plaine que Glaucus s'entretenant avec Palémon de la passion qu'il a pour Sylla, luy

en découvre la délicateſſe, qui l'engage à vouloir
eſtre aimé par luy-meſme, & ne devoir le cœur de
ſa Maiſtreſſe qu'à la force de ſon amour. Palémon
luy conſeille en vain de ſe faire connoiſtre pour un
Dieu, afin que le rang qu'il tient parmy ceux de la
Mer, luy ſerve à vaincre les froideurs de Sylla. Il
s'obſtine à conſerver le nom de Prince de Thrace,
ſous lequel il a eſté d'abord connu d'elle, & apprend avec ſurpriſe des Nymphes qui ſont dans ſ
confidence, la réſolution qu'elle a priſe d'aller trou
ver Cirçé dans ſon Palais, pour ſçavoir la cauſe de
la retraite de Mélicerte, qui avoit diſparu depuis
quelques jours. Ce Prince fortement aimé de Sylla
la rendoit inſenſible pour Glaucus, qui tâche inuti
lement de luy faire un crime de la précipitation de
ſon départ dont elle ignore les raiſons : Il n'er
obtient que de nouveaux mépris, & la ſuivant apre
qu'elle s'eſt laſſée de l'entendre, il fait place au
Nymphes de Circé, qui en attendant leur Maiſtreſſ
qui cüeille quelques herbes ſur la Montagne pou
des Enchantemens qu'elle prépare, témoignent l
crainte qu'elles ont qu'ils ne ſoient employe
contre Mélicerte que Circé avoit enlevé, & pou
qui elle avoit pris de l'amour, par la force de c
panchant qui luy faiſoit mettre ſa gloire dans l
nombre de ſes Conqueſtes. Ces Nymphes ſon

surprifes par trois Satyres qu'elles écoutent pour fe divertir, fe tenant affurées du fecours de Circé, s'ils ofent venir à la violence. Ils acceptent le party qu'elles leur propofent, que celuy des trois qui chantera le mieux, choifira celle qui luy plaira davantage.

CHANSON
DU PREMIER SATYRE.

Deux beaux yeux me charment,
Leurs traits me defarment;
Mais s'ils ne font doux,
Nargue de leurs coups.
I'aime une Maiftreffe
Qui me tend les bras;
Fy de la rudeffe;
Avec mille appas
La Beauté Tygreffe
Ne me plairoit pas.

CHANSON
DU SECOND SATYRE.

Vn jour la jeune Lyfette
Couchée à l'ombre d'un Bois,
Difoit d'une trifte voix,

Helas! helas! faut-il resver seulete,
Et ne pourroit-on quelquefois
Se trouver deux à rire sur l'herbete?
Vn Berger survint,
Qui luy tint
Bonne & douce compagnie.
Sur la rencontre au Bois, dés qu'on en eut le vent,
On fit jazer la Calomnie,
Qui mit cent contes en avant;
Mais Lysette laissa médire,
Le Berger l'avoit fait rire,
Elle y retourna souvent.

Dans l'inftant que le troifiéme Satyre s'apprefte
à chanter, deux autres Satyres furviennent, qui vou-
lant partager le bonheur de la rencontre, forment
une contestation qui fe termine par l'arrivée de
Circé defcenduë de la Montagne. Ils quittent les
Nymphes fi-toft qu'ils l'aperçoivent; & pour les punir de leur infolence, elle commande à cinq Efprits
de les emporter. Ce Vol de dix Perfonnes qui s'enlevent des quatre coins & du milieu du Theatre, fait
un effet aufly furprenant qu'agreable, & donne lieu
à Glaucus, qui a veu de loin la promptitude de cette
vangeance, d'en venir congratuler Circé, qu'il re-
connoift par cette grande marque pour eftre la Fille

du Soleil. Les plaintes qu'il luy fait de l'injuſtice de
Sylla, luy découvrent qu'il eſt ce meſme Prince de
Thrace dont Mélicerte l'avoit entretenuë commē
d'un Rival à qui il a cedé toutes ſes prétentions.
Elle ſe ſent touchée d'amour pour luy ; & luy pro-
mettant de le rendre heureux par ſes Charmes, ſans
luy expliquer ſi c'eſt en l'aimant, ou en le faiſant
aimer de Sylla, elle l'oblige à prendre place dans
ſon Char qui deſcend de l'Air, traîné par des Dra-
gons, & qui les emporte l'un & l'autre dans ſon
Palais.

ACTE

ACTE II.

L'Art & la Nature ont également par
au Iardin qui fait la Décoration de ce
Acte. Il eſt remply de Berceaux, d
Fontaines, de Plantes, de Fleurs, & d
Vaſes, ſur leſquels ſont des Enfans montez ſur de
Cygnes qui jettent de l'eau. On y voit encor d'au
tres Vaſes de porcelaine, de terre cizelée, & d
marbre blanc. Les ornemens en ſont d'or, & ce
Vaſes ſont remplis d'Orangers, d'Arbres fruitiers
& de Fleurs naturelles. Un Parterre s'éleve au mi
lieu de ce Iardin, & au devant de ce Parterre la veu
eſt agreablement divertie par une maniere de Ber
ceau, ſoûtenu par des Statuës de bronze qui le for
ment, & en ſont comme les ſupoſts. Ce Berceau eſ
encor embelly d'un Baſſin, avec un Iet d'eau. Il eſ
environné de pluſieurs Grenoüilles, ſur leſquelle
il y a de petits Enfans aſſis.

Apres quelques Scenes d'enjoüement entre Pa
lémon & les Nymphes de Circé, Circé paroiſt elle

E

efme dans ce Iardin, & découvre à Dorine fa
onfidente, le déplaifir où elle eft d'avoir effayé
uelques Charmes pour fe faire aimer de Glaucus,
u'elle ne connoift que comme Prince de Thrace,
ns qu'ils ayent produit fur luy le mefme effet qu'ils
nt produit fur Mélicerte, à qui elle n'a eu befoin
ue de fe faire voir pour luy faire oublier Sylla.

élicerte, que fon abfence du Palais avoit alarmé,
uy vient témoigner la joye qu'il a de fon retour, &
n eft reçeu avec une froideur qui luy fait con-
oiftre le changement qui eft arrivé dans la paffion
u'elle avoit pour luy. Il eft obligé de la quitter
ans qu'elle s'en foit expliquée; & apres avoir affuré
orine qu'elle ne fonge plus à s'acquerir le cœur de
laucus, qu'afin de fe vanger du mépris qu'il femble
aire de fon amour, elle voit arriver ce Dieu qui luy
ft toûjours inconnu, & luy ofre tous les divertiffe-
iens qui le peuvent empefcher de s'ennuyer dans
on Palais. Glaucus averty que Sylla s'y doit rendre
ar l'impatience qu'elle a de fçavoir ce qu'eft devenu
élicerte, répond à Circé qu'un feul bien eft ca-
able de fatisfaire tous fes defirs; & l'affurant que
out ce qu'il efpere dépend d'elle, & qu'il peut vivre
parfaitement heureux dans fon Palais, il luy donne
lieu de ne point douter que fon Charme n'ait reüffy,
& que ce ne foit elle qui foit devenuë l'objet de fa

passion : mais quand en la priant de retenir Syll
qu'il a sçeu qui devoit arriver, il luy fait connoist
qu'il n'a point changé de sentimens, Circé se trou
ble, & pour cacher son desordre, se servant du pr
texte de quelques Voix qu'elle est bien aise d'e
tendre, elle laisse chanter le Dialogue suivant.

DIALOGVE DE TYRCIS
ET DE SYLVIE.

TYRCIS.

Pourquoy me fuyez-vous, ô Beauté trop severe,
Quand d'un si tendre amour j'ay le cœur enflâm

SYLVIE.

Ie fuis ce que je sens qui commence à me plaire;
Si je vous écoutois, vous pourriez estre aimé.

TYRCIS.

Quoy, toûjours, aimable Inhumaine,
Refuser de m'entendre? Eh de grace, deux mots.

SYLVIE.

L'Amour cause de la peine,
Et je veux vivre en repos.

TYRCIS.

Est-il des Plaisirs sans tendresse?

SYLVIE.

Eſt-il de l'Amour ſans chagrin?

TYRCIS.

Par l'Amour tout chagrin ceſſe.

SYLVIE.

Tous les Plaiſirs par l'Amour prennent fin.

TYRCIS.

C'eſt une erreur ; dans le bel âge,
Il faut aimer pour vivre heureux.

SYLVIE.

Ne me dites rien davantage.

TYRCIS.

Soulagez les ennuis de mon cœur amoureux.

SYLVIE.

Que vous ſert que le mien ſoûpire?

TYRCIS.

Ah Sylvie!

SYLVIE.

Ah Tyrcis!

Tous deux ensemble.

Uniſſons nos ſoûpirs.

TYRCIS.

Aimons-nous.

SYLVIE.

Douce peine!

TYRCIS.

Agreable martyre!

SYLVIE.

Il fait tout mon bonheur.

TYRCIS.

Il fait tous mes deſirs.

Tous deux ensemble.

Pour goûter les plus doux Plaiſirs,
Ne nous laſſons jamais de nous le dire;
Aimons-nous; douce peine! agreable martyre!

SYLVIE.

La liberté m'eſtoit un bien ſi doux!

TYRCIS.

Vaut-il ceux que l'Amour ofre dans ſon Empire?

SYLVIE.

Ie la pers, ç'en eſt fait.

TYRCIS.

Vous en repentez-vous?

SYLVIE.

Ce n'eſt pas dequoy je ſoûpire.

TYRCIS.

Ah Sylvie!

SYLVIE.

Ah Tyrcis!

Tous deux enſemble.

Vniſſons nos ſoûpirs.

TYRCIS.

Aimons-nous.

SYLVIE.

Douce peine!

TYRCIS.

Agreable martyre!

SYLVIE.

Il fait tout mon bonheur.

TYRCIS.

Il fait tous mes deſirs.

Tous deux ensemble.

Pour goûter les plus doux Plaisirs,
Ne nous lassons jamais de nous le dire;
Aimons-nous; douce peine! agreable martyre!

Ce Dialogue qui exprime les douceurs qu'une parfaite union fait goûter en aimant, donne occasion à Glaucus de redoubler ses prieres pour obtenir de Circé qu'elle daigne changer le cœur de Sylla. Circé luy oppose le peu d'avantage qu'il auroit à ne devoir qu'à ses Charmes la récompense de son amour; & en l'assurant qu'il trouveroit des Nymphes qui ne seroient pas insensibles pour luy, elle va si loin, qu'il ne peut plus se déguiser qu'elle parle pour elle-mesme. Glaucus luy avouë qu'il est de sa destinée de ne prendre de l'attachement que pour Sylla seule; & cette déclaration irrite tellement Circé, que faisant succeder la menace à la douceur, elle cherche à l'intimider, & d'un coup de Baguete fait paroistre des Serpens, des Lyons, des Tygres, & divers autres Animaux, comme autant d'Amans qu'elle a métamorphosez pour de moindres outrages que celuy qu'il ose luy faire, en dédaignant de répondre à sa passion. Glaucus qui, comme Dieu, n'a rien à craindre de ses emportemens, écoute

ſes menaces avec froideur. Circé en redouble ſa
colere, & donnant ordre à ces Animaux de fondre
ſur luy, dans le meſme inſtant qu'ils s'approchent,
Glaucus leur défend de ſe montrer davantage. La
Terre s'ouvre, ils y ſont engloutis; & cet effet du
pouvoir de Glaucus ne laiſſant plus de bornes à la
fureur de Circé, elle commande aux Statuës qui
ſoûtiennent le Berceau du Iardin, de s'animer pour
prendre ſa querelle. On eſt ſurpris de la promptitude de leur mouvement, qui ne ſert qu'à relever la
gloire de Glaucus. Il ne leur a pas plutoſt ordonné
de ſe perdre en l'air, que toutes ces Statuës s'envo-
lent dans tous les coſtez du Theatre. Les Grenoüilles ſautent hors du Baſſin où on les a veuës,
& s'enfonçant dans la terre, laiſſent Circé dans une
telle confuſion d'avoir trouvé un pouvoir plus fort
que le ſien, que pour ſe vanger de Glaucus, elle ſe
réſout de ne plus rien épargner, & fort dans le deſ-
ſein de ſe porter contre luy aux dernieres extré-
mitez.

ACTE

ACTE III.

L E magnifique Iardin qui a fervy de Dé
coration à l'Acte précedent, fait place
à un fuperbe Palais, dont l'architecture
eft d'Ordre Corintien, avec les Frifes &
Corniches. Les Pilaftres font de lapis veiné d'or
Une Baluftrade regne au deffus en forme d'Atique
La maffe du Palais eft toute de marbre blanc, avec
les chapiteaux des Pilaftres & les bafes d'or. On
voit fur des Pieds-d'eftaux qui fortent en faillie, de
Vafes d'or, de lapis, & de marbre; & au bout de c
Palais, on découvre un Iardin, avec fes ornemen.
d'Arbres, de Fleurs, de Iets d'eau, & de Fontaines.

Mélicerte déplore fon infortune fur le change
ment de Circé en préfence d'Aftérie, la plus jeune
de fes Nymphes, qui fuivant fon caractere enjoüé
lv

dans la paffion qui luy fait préferer Sylla à la gloire d'eftre aimé de Circé. Palémon porte fi loin le mépris qu'il fait de fes menaces, qu'Aftérie ne peut s'empefcher de luy dire qu'il doit prendre garde qu'on ne l'outrage pas impunément. Elle luy en donne pour exemple un de fes Amans, qui paroift fous la figure d'un Singe, & qu'elle luy dit n'avoir efté ainfi metamorphofé que parce qu'il l'avoit aimée au préjudice de Circé, qui s'en eftant apperçeuë, luy avoit impofé cette peine, auffi-bien qu'à quelques Pages qu'il avoit amenez avec luy, pour le punir d'une paffion dont elle s'eftoit offencée. Aftérie adjoûte que ces Singes prenoient foin tous les jours de la venir divertir par divers fauts où ils s'eftoient étudiez pour luy plaire, & elle en donne le plaifir à Palémon, qui fe retire voyant arriver Circé. Cette Amante indignée de la maniere dont elle a efté bravée par Glaucus, fe réfout de le perdre par la force du Poifon, puis que fes Charmes ne peuvent rien pour changer fon cœur; & afin de n'eftre plus expofée aux importunes plaintes de Mélicerte, elle donne à Aftérie un Anneau enchanté à luy porter, par le moyen duquel il doit oublier qu'il s'eft veu aimé d'elle, & reprendre fon premier amour pour Sylla. On reçoit en mefme temps la nouvelle que cette malheureufe Rivale demande à

non seulement elle l'assure de la fidelité de Méli
certe, mais elle s'ofre à le luy faire voir. Dans l'inf
tant qu'elles se préparent à sortir pour l'aller cher
cher, Glaucus arreste Sylla, qui toute surprise de l
voir dans un lieu où elle ne l'attendoit point, n
sçait que répondre aux tendres protestations qu'i
luy renouvelle de son amour. C'est là que Circé
qui se voit entierement bravée, s'abandonne à tou
ce que la fureur luy peut inspirer ; & apres quelque
inutiles souhaits qu'elle fait pour la perte de l'Aman
de sa Rivale, elle voit descendre plusieurs Nuages
qui s'estant ramassez pour l'enfermer avec Sylla
leur donne lieu à l'une & à l'autre de se dérober au
yeux de Glaucus. Le Nuage s'ouvre apres qu'elle
se sont échapées, & se dissipant des deux costez d
Theatre, laisse Glaucus dans une extréme surpris
de ce qui vient d'arriver. Il ne doute point que c
ne soit un secours que le Soleil a bien voulu preste
à Circé ; & pour en estre entierement éclaircy, i
s'adresse à Vénus qui paroist dans son Palais, don
l'Architecture est composée, & ornée de quantit
d'Amours qui soûtiennent la Corniche. Ils sont d
marbre blanc jusqu'au milieu du corps, dont le ba
se forme en Fleurons d'or, & se termine en Con
soles enrichies d'ornemens aussi d'or. Ils porten
sur leurs testes des Paniers de Fleurs d'où penden
de grands Festons qu'ils retiennent avec leurs mains

en forte qu'ils retombent entre les feüillages de
leurs queuës, & font une chute fur la Confole. Le
Pied-d'eftal fe trouve directement deffous, orné de
Paneaux d'azur veiné d'or. De grands Feftons de
Fleurs tombent du milieu des Frifes, dans lefquelles
d'efpace en efpace font peints des Cœurs percez de
Fleches, avec des Carquois & d'autres ornemens.
L'Optique reprefente deux Amours de mefme fy-
metrie que les autres, avec un Berceau foûtenu par
quatre Amours en forme de Termes qui le fuportent. Il eft formé de Feüillages & de Iafmins, au
milieu defquels on voit une Table de marbre blanc,
remplie de Corbeilles de Fleurs & de Vafes.

Vénus n'a pas plutoft ouvert ce magnifique
Palais, que Glaucus la conjure de luy découvrir où
Circé peut avoir enlevé Sylla. Vénus luy promet
de le tirer au plutoft de l'inquiétude qui le tour-
mente; & pour en venir à bout, elle commande à
douze Amours de fe féparer, & d'épier fi bien tout
ce que fera Circé, qu'ils puiffent venir rendre com-
te à Glaucus du lieu où elle aura caché Sylla. Ces
Amours partent dans le mefme inftant; & la plû-
part d'eux ayant volé prefque jufque fur terre, fe
elevent tout d'un coup par un mouvement extraordinaire, pour fe perdre dans les airs.

ACTE IV.

ET Acte qui se passe dans le lieu le plus desert du Palais de Circé, a pour Décoration de grands Arbres toufus qui forment un Bois dont l'épaisseur semble estre impénetrable à la clarté du Soleil. C'est là que Palémon fait une Scene d'enjoüement avec Astérie, qui vient y chercher Mélicerte, qu'elle n'a pû trouver ailleurs, pour luy donner l'Anneau qu'elle a reçeu de Circé. Cet Amant qui estoit venu déplorer son infortune dans ce Bois, touche à peine cet Anneau enchanté, qu'il retombe dans sa premiere passion pour Sylla, sans se souvenir qu'il ait jamais offert des vœux à Circé; & dans l'empressement qu'il a de la voir, sur ce qu'il a sçeu qu'elle devoit arriver au Palais; il quitte Astérie qui raille Florise, autre Nymphe de Circé, sur son humeur prude, qui luy fait condamner l'entretien qu'elle vient d'avoir avec Mélicerte dans un lieu aussy inhabité que le Bois où elle l'a surprise avec luy.

Toutes les deux reçoivent ordre de Circé d'amener cet Amant à Sylla, qui consent à la proposition que luy fait Circé de demeurer quelque temps dans ce lieu desert, pour se cacher à Glaucus, avec assurance qu'elle y sera la maistresse des divertissemens qu'elle voudra choisir. On entend dans le mesme temps la voix d'une Dryade, que Circé convie, aussi-bien que deux Faunes qui l'accompagnent, de donner à Sylla un essay du plaisir qu'elle se peut promettre de leurs Concerts.

CHANSON DE LA DRYADE.

Vous étonnez-vous
D'un peu de martyre ?
C'est quand on soûpire,
Que l'amour est doux.
La plus belle chaîne
Ne sçauroit charmer,
Si l'on n'a de la peine
A se faire aimer.

J'aime les plaisirs
Qu'on me fait attendre ;
Un Objet trop tendre
Eteint les desirs.

La plus grande gloire
Qu'on trouve en aimant,
C'est lors que la Victoire
Coûte un long tourment.

Cette Chanson est suivie de ces paroles, qui sont chantées par deux Faunes, & par la mesme Dryade.

1. FAUNE.

Il n'est rien de si doux que de changer sans cesse;
L'Amour pour les cœurs inconstans
Ne peut avoir que d'heureux temps;
Toûjours plaisirs nouveaux, & jamais de tristesse;
Il n'est rien de si doux que de changer sans cesse.

LA DRYADE.

L'inconstance détruit les douceurs de l'Amour;
Pour estimer un bien, il faut qu'il soit durable.

2. FAUNE.

L'Amour qui dure trop, est un mal véritable;
Pour aimer sans chagrin, il faut n'aimer qu'un jour.

LA DRYADE.

Ridicule folie!

1. FAUNE.

Incommode sagesse!
Il n'est rien de si doux que de changer sans cesse.

LA DRYADE.

Ridicule folie!

1. FAUNE.

Incommode sagesse!

LA DRYADE.

Il n'est rien de si doux qu'une longue tendresse.

2. FAUNE.

A cent Objets divers on doit faire sa cour.

LA DRYADE.

Ridicule folie!

LES DEVX FAUNES.

Incommode sagesse!

Tous les trois ensemble.

Les deux Faunes.
Il n'est rien de si doux que de changer sans cesse.
La Dryade.
Il n'est rien de si doux qu'une longue tendresse.

Les deux Faunes & la Dryade ont à peine cessé
de chanter, que Circé se trouve exposée à de nou-
velles alarmes du pouvoir de Glaucus, qu'elle ne
connoist pas encor pour un Dieu. Elle apprend de
Dorine

Dorine qu'il a esté averty par les Amours du lic
où elle tient Sylla cachée, & que l'un d'eux s'est
chárgé du foin de l'y conduire. Sylla fe trouble à
cette nouvelle ; & Circé qui en prend un nouveau
fujet d'indignation, luy propofe de foufrir qu'elle la
faffe porter par les airs jufques dans Thebes, où Mélicerte qui en eft Prince, la pourra aifément garantir
des importunes pourfuites d'un Amant qui ne luy
plaift pas. Sylla y confent, & elle n'eft pas fi-toft au
milieu de l'air, foûtenuë de quatre Efprits qui l'em-
portent par l'ordre de Circé, que quatre des Amours
que Vénus a difperfez autour du Palais, viennent à
fa rencontre, & apres un combat en l'air où les
Efprits font forcez de ceder, ils font changer de
route à Sylla, & l'enlevent aux yeux de Circé. C'eft
dans ce combat, où l'on ne fçauroit affez admirer
l'incomparable Génie de celuy qui a daigné donner
fes foins à trouver les moyens de l'executer : on l'a-
voit propofé d'abord comme impoffible, & il a fait
voir que rien ne le fçauroit eftre à fes moindres
applications. Circé furprife de ce qu'elle voit, entre
dans une nouvelle fureur, qui luy fait évoquer des
Enfers la Terreur, la Rage, le Defefpoir, & tout ce
qu'ils renferment de plus ennemy des Hommes.
Il fe fait icy une Scene toute extraordinaire : Ces
noires Divinitez paroiffent, & par leurs diférentes

G

actions elles font voir qu'elles entrent dans tous les fentimens de Circé; mais quand elle leur commande d'aller répandre leurs plus mortels poifons dans le cœur du Prince de Thrace, elles demeurent immobiles, & luy font connoiftre que le Ciel ne leur permet pas de l'en vanger. Circé, que cette impuiffance irrite, ne fçauroit plus foufrir leur prefence; & dans le mefme temps qu'elle les chaffe, elle voit le Soleil qui fe montre dans fon Palais. Il eft d'or, compofé, avec des Colomnes torfes d'or poly; elles font reveftuës de branches de Laurier qui les environnent, de couleur naturelle. Les chapiteaux font d'or fin cizelé, & les bafes des Colomnes de mefme maniere, auffi-bien que la frife & la corniche. Le corps du maffif de ce Palais eft de Pierres prétieufes, & tous les Pieds-d'eftaux de marbre blanc, au milieu defquels on voit de gros Rubis; Les Paneaux font enrichis de veines d'or fur un fond de lapis. Au deffus de la Corniche on voit, dans une efpece de petit Attique d'où naiffent les Cintres, des Lyres d'or, avec plufieurs ornemens; & dans le milieu des Voûtes font peints de grands Soleils d'or poly, avec quantité d'autres ornemens. L'Optique de ce Palais eft toute tranfparante, & jette un éclat qui éblouït.

Circé écoute le Soleil, & apprend de luy que

c'eſt en vain qu'elle luy reproche de n'eſtre point ſenſible aux outrages qu'elle reçoit, puis que celuy dont elle voudroit eſtre vangée eſt Glaucus, qui s'eſt caché ſous le viſage & le nom du Prince de Thrace. Cette nouvelle fait prendre d'autres meſures à Circé, qui déguiſe ſon reſſentiment, & ſe contente de ſe plaindre à Glaucus qui ſurvient, amené par un des Amours qui s'envole en ſuite, de ce qu'il ne l'a pas aſſez eſtimée pour luy dècouvrir luy-meſme ce qu'il a falu que le Soleil luy ait appris. Les excuſes qu'il luy en fait ſont interrompuës par l'arrivée de Palémon, qui luy vient dire que les Amours ont ramené Sylla dans le Palais, & qu'ils retiennent Mélicerte qui fait tous ſes efforts pour s'approcher d'elle. Glaucus y court apres que Circé luy a promis d'employer tous ſes Charmes pour ſe faire aimer de cette Nymphe. Dorine s'étonne de ce changement, qui luy paroiſt trop prompt pour ne luy eſtre pas ſuſpect. Circé s'explique, & luy découvre que ne pouvant faire ſoufrir Glaucus en luy-meſme, parce qu'il eſt Dieu, elle veut le faire ſoufrir en ce qu'il aime; & que la vangeance qu'elle prépare, ne le toucheroit pas aſſez, ſi elle ne le faiſoit aimer de Sylla avant que de la réduire dans l'état épouvantable où elle doit la faire paroiſtre.

ACTE V.

L A Décoration de cet Acte represente une longue Allée de Cyprés fort hauts, dont la perspective est tres-agreable à la veuë Sylla s'y trouve avec Florise & Astérie ; & par l'effet du Charme que Circé vient d'employer pour la rendre favorable à Glaucus, elle leur fait connoistre l'impatience qu'elle a de revoir ce nouvel Amant à qui elle a déja découvert le changement qui est arrivé pour luy dans son cœur. Mélicerte survient, qui tâche inutilement, par ses reproches, à l'obliger de se repentir de son infidelité : Elle s'en justifie sur le conseil que luy ont donné les Amours de renoncer à sa premiere passion ; & ayant appris de Palémon que Glaucus entretient Circé dans celuy de ses Iardins dont les murs sont batus des flots de la Mer, elle sort avec précipitation pour l'aller rejoindre. Mélicerte la suit, & laisse Florise & Astérie raisonner avec Palémon sur la prétenduë Magie de son Maistre, dont

elles ne sçauroient assez admirer le pouvoir qui a
toûjours esté plus fort que tous les Charmes que
Circé a mis en usage contre luy. Palémon s'élance
tout-à coup dans les airs, & par ce vol inopiné se
dérobant à leurs yeux, les confirme dans la pensée
où elles estoient déja qu'il y avoit de la Divinité
dans cette avanture. Dorine leur en vient expliquer
le secret, & apres leur avoir appris le déguisement
de Glaucus, elle leur raconte la vangeance que
Circé a prise de ses dédains par le changement ef-
froyable qui vient d'arriver dans la personne de
Sylla, apres qu'elle a métamorphosé Mélicerte en
Arbre, pour le punir des plaintes qu'il osoit luy
faire de ses injustices. La Fable nous represente
cette Sylla environnée de Chiens qui l'effrayoient
par des aboyemens épouvantables : Ce terme de
Chien, est si rude & si mal-propre à nostre Poésie
que j'ay crû le pouvoir changer en celuy de *Mons*
tres. Circé s'applaudit avec Dorine du triomphe
qu'elle a enfin remporté sur Glaucus, qui fait d'inutiles efforts pour adoucir la colere de Circé en
faveur de cette déplorable Nymphe dont le changement luy fait horreur. Circé demeure inéxora-
ble ; & ravie d'avoir trouvé les moyens de faire
soufrir Glaucus, elle sent redoubler sa joye par le
plaisir qu'elle a de joüir de la peine de ce Dieu

uand Palémon leur vient apprendre le defefpoir
de Sylla, qui l'a portée à fe précipiter dans la Mer
pour fe délivrer d'un fuplice qui luy eftoit infupor-
table. Circé ne peut cacher la douleur qu'elle a de
voir fi-toft finir fa vangeance ; & faifant difparoiftre
fon Palais, elle difparoift elle-mefme aux yeux de
Glaucus. La Décoration du Theatre change en cet
endroit, & on en voit une nouvelle qui reprefente
la Mer & fon rivage. Il y a quelques Arbres peints
fur les Chaffis du devant, & des Rochers fur les
derniers. Glaucus touché fenfiblement de la dif-
grace de Sylla, s'adreffe à Neptune pour le prier de
la luy rendre. Ce Dieu paroift fur les Flots accom-
pagné de Tritons, de Nereïdes, & d'autres Divinitez
de la Mer ; & apres avoir fait voir à Glaucus un
Rocher qui s'éleve pour marque eternelle de la
métamorphofe de Sylla, il l'affure qu'il eft preft
de la changer en Nereïde, pourveu que Iupiter luy
faffe connoiftre que le Deftin en eft d'accord.

Le Ciel s'ouvre à la priere de Glaucus, & Iupiter
paroift dans fon Palais, qui eft d'une Architecture
compofée. Elle forme de grands Pieds-d'eftaux,
fur lefquels font en faillie des Aigles tous rehauffez
d'or fin, qui fuportent une Corniche folide, dans
la frize de laquelle font peintes des Pommes de Pin
d'or fin cizelé : Au deffus de la Corniche fe forment

des Cintres furbaiſſez, enrichis de quantité d'ornemens, avec des Feſtons d'or qui pendent au deſſous des Cintres, & s'attachent au milieu & aux
angles. Toute la maſſe du Palais eſt peinte de deux
manieres diférentes, auſſi-bien que les Corniches
& les Pieds-d'eſtaux ; l'une eſt de Porphyre, &
l'autre de Lapis. Au milieu des Pieds-d'eſtaux ſont
de gros Feſtons de feüilles de Cheſne d'or fin cizelé,
On voit dans le fonds du Palais un Trône tout d'or,
& orné de Pierres prétieuſes.

Iupiter accorde à Glaucus le changement de
Sylla en Nereïde, mais à condition qu'il ne l'acca-
blera plus des témoignages d'un amour qu'elle a
toûjours rejetté : En meſme temps elle ſort des
flots pour aller prendre place aupres de la Nymphe
Galatée par l'ordre de Neptune, qui invite les
Faunes, les Sylvains, les Dryades, & les autres
Divinitez Champeſtres, auſſi-bien que celles de la
Mer, à former quelque grand Spéctacle digne
de la ſolemnité de ce jour. Ce qu'ils font en ſe
meſlant enſemble par diférentes figures qui ſont
accompagnées des Chanſons ſuivantes, dont la premiere fait voir, par l'exemple de Glaucus, que la
froideur des eaux eſt un vain obſtacle contre les
feux de l'Amour.

CHANSON DVN SYLVAIN.

Tout aime
Sur la Terre & dans les Cieux,
L'Amour par un pouvoir suprême
Asservit Hommes & Dieux,
Tout aime.
Iusque dans les eaux il échauffe les cœurs,
Et malgré leur froideur extrême
Il y fait ressentir ses plus vives ardeurs,
Rien n'échape à ses douces langueurs,
Tout aime.

CHOEUR DE DIVINITEZ.

Les Plaisirs sont de tous les âges,
Les Plaisirs sont de toutes les saisons;
Pour les rendre permis, on sçait que les plus sages
Ont souvent trouvé des raisons.
Rions, chantons,
Folâtrons, sautons,
Les Plaisirs sont de tous les âges,
Les Plaisirs sont de toutes les saisons.

Ce

Ce Chœur eſtant finy, les Faunes & les Sylvains témoignent leur joye par des ſauts ſurprenans; & les Divinitez de la Mer, accompagnées de pluſieurs Fleuves, donnent pareillement des marques de leur allégreſſe par pluſieurs figures extraordinaires; ce qu'ils font à diférentes repriſes, & meſme apres les deux premiers Couplets de la Chanſon ſuivante.

CHANSON D'VN SYLVAIN
ET D'UNE DRYADE enſemble.

IL n'eſt point de Plaiſir véritable,
Si l'Amour ne l'aſſaiſonne pas.
On a beau dans le bien le plus ſtable
Rechercher de ſenſibles appas,
Il n'eſt point de Plaiſir véritable,
Si l'Amour ne l'aſſaiſonne pas.

Ses langueurs n'ont rien que d'agreable,
On ſe perd dans ſes tendres helas;
Il n'eſt point de Plaiſir agreable,
Si l'Amour ne l'aſſaiſonne pas.

A l'Amour il faut rendre les armes;
Toſt ou tard il triomphe de nous.

H

Plus on veut resister à ses charmes,
Plus on doit redouter son couroux ;
A l'Amour il faut rendre les armes,
Tost ou tard il triomphe de nous.

De ses maux ne prenons point d'alarmes;
S'ils sont grands, le remede en est doux.
A l'Amour il faut rendre les armes,
Tost ou tard il triomphe de nous.

Les Faunes & les Sylvains recommençent leurs sauts, qui sont accompagnez de postures surprenantes; & pendant qu'un Chœur de Divinitez chante les Vers suivans, les Fleuves & les Divinitez de la Mer font plusieurs figures diférentes, en se meslant avec le Chœur.

CHOEUR DE DIVINITEZ.

Les Plaisirs sont de tous les âges,
Les Plaisirs sont de toutes les saisons;
Pour les rendre permis, on sçait que les plus sages
Ont souvent trouvé des raisons.
Rions, chantons,
Folâtrons, sautons;
Les Plaisirs sont de tous les âges,
Les Plaisirs sont de toutes les saisons.

FIN.

Extrait du Privilege du Roy.

PAr Grace & Privilege du Roy, Donné à S. Germain en Laye le 28. jour de Fevrier 1675. Signé, Par le Roy en son Conseil, DESVIEUX. Il est permis à T. de Corneille, Escuyer, Sieur de l'Isle, de faire imprimer, vendre & debiter une Piece de Theatre de sa composition, intitulée *CIRCE'*, *avec le Dessein*, & ce pendant le temps & espace de vingt années entieres & accomplies, à compter du jour que lesdits Ouvrages seront achevez d'imprimer pour la premiere fois : Pendant lequel temps defences sont faites à tous Imprimeurs & Libraires, autres que ceux choisis par ledit Exposant, & à toutes autres Personnes de quelque qualité & condition qu'elles soient, d'imprimer, faire imprimer, vendre, ny debiter lesdits Ouvrages, sans le consentement de l'Exposant, ou de ceux qui auront droit de luy, à peine de mil livres d'amende, confiscation des Exemplaires contrefaits, & de tous despens, dommages & interests, ainsi que plus au long il est porté aud. Privilege.

Achevé d'imprimer pour la premiere fois, le 14. Mars 1675.

www.ingramcontent.com/pod-product-compliance
Lightning Source LLC
LaVergne TN
LVHW022155080426
835511LV00008B/1404